우리의 기도를 들으시는
영원한 도움의 성모님

우리의 기도를 들으시는 영원한 도움의 성모님

영원한 도움의 성모 수도회 엮음
한지선 그림

성서와함께

차례

1부
영원한 도움의 성모 이콘 소개 · 7

2부
영원한 도움의 성모 이콘의 유래 · 21

3부
영원한 도움의 성모께 바치는 기도 · 51
  9일 기도 1양식 · 53
  9일 기도 2양식 · 54
  3가지 기도 · 63
  일상 기도 · 67
    가정을 위한 기도 · 68
    자녀를 위한 기도 · 69
    아픈 사람을 위한 기도 · 70
    아플 때 바치는 기도 · 72
    자신의 소명을 알기 위해 바치는 기도 · 74

일러두기
이 책에 수록된 기도문은 《영원한 도움의 성모 수도회 고유기도서》(2020, 수정판, 46-56쪽)와 *Novene und Notgebete: zur Mutter von der immerwährenden Hilfe*(CSSR, 1955, 21-23. 40-41쪽)에서 인용했습니다.

1부

영원한 도움의 성모 이콘 소개

✴ 이콘이란

한 수녀가 나무판에 무엇인가 그리고 있습니다.
신중하고 섬세하게 움직이는 붓을 따라 서서히
천상의 세계, 거룩한 이미지가 나타납니다.
찬란한 빛에 둘러싸여 우리를 응시하는 성모자,
오묘한 미소를 머금은 성모님의 모습은
우리에게 무엇인가를 말하려는 듯합니다.

이콘은 초대 교회부터 이어져 오는 **종교 예술**입니다.
글을 잘 모르는 사람들도 이콘을 보고
그리스도의 신비를 알 수 있도록 만들어졌습니다.
이콘은 말로 설명하기 어려운 신비를 묘사하기 때문에
아름다움보다 **영적 의미를 전달**하는 데 중점을 둡니다.

화가는 오랜 시간 정성을 다해 이콘 작업을 합니다.
인물의 구도나 색채, 글자뿐 아니라
이콘을 만드는 데 사용하는 재료 등

모든 것에 깊은 의미를
담아 **신성한 세계**를
표현합니다.
이콘을 만드는 모든
과정이 곧 기도입니다.

그래서 이콘을 바라보는 것 역시 기도이며
고요히 들여다볼 때 깊은 의미를 알 수 있습니다.
이콘은 성경처럼 **하느님의 말씀**을 전하기 때문에
이콘을 '본다'고 하지 않고, '**읽는다**'고 합니다.
이렇게 이콘은 시대를 초월하는 메시지를 담아
우리를 천상 세계로 인도하는 **영적 창**이요
하느님과 우리를 이어 주는 거룩한 문입니다.

그렇다면 **영원한 도움의 성모님**은
우리에게 무슨 말을 건네고 계신지 한번 알아볼까요?

영원한 도움의 성모 이콘 ✲

영원한 도움의 성모 이콘을 들여다봅시다.
성모님의 얼굴과 손, 옷 색깔과 무늬,
양옆에 새겨진 글자와 두 천사의 모습,
예수님의 얼굴과 손과 발을 한번 바라봅시다.

어떤 느낌이 드나요?
성모님의 눈빛이 따뜻한가요, 근엄한가요?
그저 편안하고 든든한 마음이 드나요?
혹시 무언가 그립고 슬픈 마음이 드나요?

궁금증이 생길지도 모릅니다.
저 두 천사는 누구이고, 무엇을 들고 있을까요?
예수님은 어디를 보시고, 신발은 왜 벗겨졌을까요?
저 글자들은 도대체 무슨 뜻일까요?

이제, 이콘에 담긴 숨은 뜻을 읽어 보겠습니다.

우선, **성모님의 얼굴**을 찬찬히 바라보십시오.

어딘가 슬퍼 보이면서도 따스하고
온화하면서도 엄숙한 모습을.

성모님의 눈은 예수님을 향하고 있지 않습니다.
사랑 어린 눈으로 언제나 우리를 바라보고 계십니다.

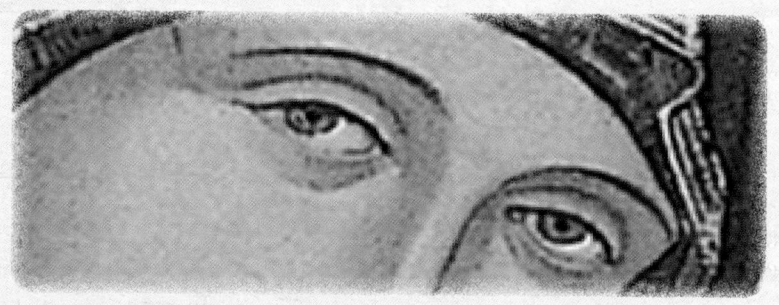

"너의 슬픔과 어려움을 나에게 말해 다오.
나는 늘 너를 도와주고 싶은 너의 어머니이다."

영원한 도움의 성모님의 눈을 보고 있노라면,
우리의 모든 것을 꿰뚫어 보시는 듯합니다.

성모님의 눈은 **영의 세계**로 열려 있습니다.
그분은 모든 사람을 바라보시며,
모두가 구원되기를 바라고 기다리고 계십니다.

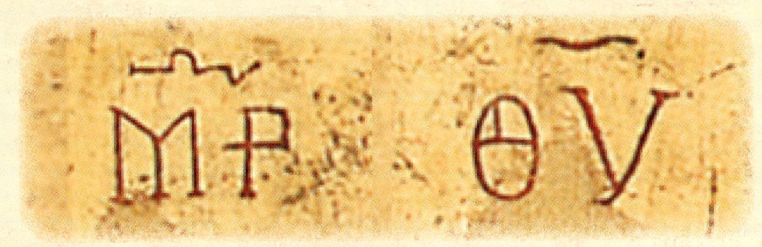

Μήτηρ Θεού

성모님의 머리 양옆에는 마치 제목처럼,
'**하느님의 어머니**'라는 그리스어 약자가 크게 쓰여 있습니다.
이는 하느님이신 예수님께서 성모님에게서 태어나
사람으로 우리에게 오셨다는 **신앙 고백**입니다.

성모님의 머리에는 **빛나는 별**이 새겨져 있습니다.
그리스도의 빛을 우리에게 비추어 주는 별이지요.

우리가 캄캄한 바다 같은 삶에서 길을 잃었다고 느낄 때,
성모님은 우리를 **예수님께로 인도**하는 별이 되어 주십니다.

성모님 양옆에는 **두 천사**가 마주한 채
아래쪽의 예수님을 향하고 있습니다.
왼쪽에 초록 옷을 입은 천사는 **미카엘**,
오른쪽에 빨간 옷을 입은 천사는 **가브리엘**입니다.

두 천사의 머리 위에 쓰인 그리스어가
천사들의 이름을 알려 줍니다.

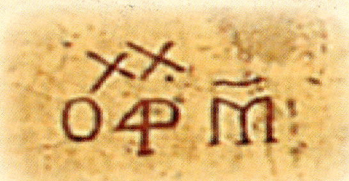

Αρχάγγελος Μιχαήλ

미카엘 대천사는 교회의 수호자요, 죽은 이들의 보호자이며, 악령을 없애는 천사입니다.

가브리엘 대천사는 성모님께서 그리스도의 어머니가 되시리라는 사실을 예고했던 바로 그 천사입니다.

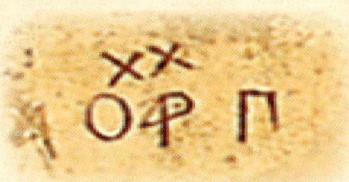

Αρχάγγελος Γαβριήλ

미카엘 대천사는 십자가에 못 박히신 예수님을 찔렀던 창과 쓸개즙이 담긴 그릇, 해면을 매단 장대를 들고 있습니다.

가브리엘 천사는 예수님을 매달았던 십자가와 그분의 손과 발을 뚫은 못 네 개를 들고 있습니다.

천사들은 왜 끔찍한 수난의 상징들을 들고 있을까요?
사실 이 수난의 도구들은 모두 승리의 도구들입니다.
천사들은 비참한 죽음을 예고하는 것이 아니라
예수 그리스도께서 십자가의 영광으로 우리를 구원하시고
부활하신다는 것을 보여 줍니다.

이콘은 우리를 결국 **예수님**께 향하게 합니다.
그런데 예수님도 어머니를 바라보지 않습니다.
수난의 도구를 든 천사들을 보는 것 같지도 않습니다.
예수님의 **평온한 눈빛**은 어디를 향하고 있을까요?

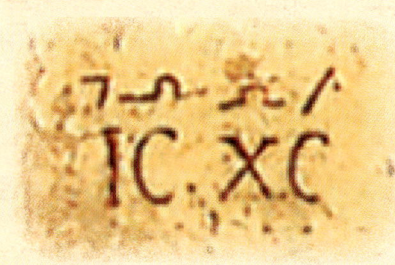

Ἰησοῦς Χριστός

우리는 아직 알지 못하는 **영원**을 내다보시는 것은 아닐까요? 그분 옆에 쓰여 있는 그리스어 약자의 뜻은 '예수 그리스도'입니다.

아직 어린아이처럼 보이지만, 이분은 인류의 구원자이십니다.
그리고 보니 예수님의 표정도 사뭇 어른스러워 보입니다.

하지만 어머니의 손을 꼭 잡은 작은 손에서 두려움도 느껴집니다. 곧게 편 성모님의 오른손은 우리에게 **예수님을 보라**고 말씀하시는 것 같습니다.

아들의 몸을 받치고 있는 성모님의 왼손은 우리도 예수님처럼 **어머니를 신뢰**하며 그분께 우리를 온전히 맡길 수 있음을 알려 줍니다.

얼마나 급히 안겼는지 신발이 벗겨졌습니다. 하느님이신 예수님 역시 **우리와 같은 인간**이셨지요. 하느님의 어머니이신 성모님은 우리의 든든한 **피난처**입니다.

이콘에는 여러 가지 색깔이 쓰였습니다.
모든 색은 단순히 이콘을 꾸미는 것이 아니라,
영적인 의미를 담고 있습니다.

붉은색

성모님은 겉옷 안에
붉은색 옷을 입고 계십니다.
예수님 시대에 팔레스티나
처녀들이 입던 옷의 색으로,
성모님의 **동정성과 사랑**을 의미합니다.
천사의 옷과 예수님의 띠도 붉은색인데,
이는 **수난과 피**를 의미합니다.

짙은 파란색

이 색은 당시 팔레스티나의
어머니들이 입던 옷 색깔입니다.
이는 성모님이 **우리의 어머니**
이심을 말해 줍니다.

초록색

초록은 **생명**의 색으로
하느님의 은총을 상징합니다.
인간이 되어 우리에게 오신
예수님의 옷옷과 은총이 가득하신
성모님의 겉옷 안감이 초록색입니다.

황금색

이콘의 배경인 황금색은
영광과 **영원한 생명**,
성모님과 예수님이 함께
계시는 **천국**을 의미합니다.
이콘 제작의 마지막 단계에서
실제 금박을 붙여 만듭니다.

성모님과 예수님의 옷도 황금빛으로 장식되어 있는데,
이는 옷을 뚫고 나오는 **부활의 기쁨**을 표현합니다.

2부

영원한 도움의 성모 이콘의 유래

영원한 도움의 성모님,
어머니를 깊이 신뢰하며
당신 앞에 무릎을 꿇습니다.
사랑 가득한 눈길로
우리 내면 깊은 곳을 들여다보시는 어머니,

오늘도 저희를 축복하시어
저희가 당신을 닮아
하느님의 뜻에 순명하며
당신 아드님 예수 그리스도를
더욱 사랑하게 하소서.

영원한 도움의 성모님,
오늘도 당신께 전구를 청하며
기도합니다.
아멘.

영원한 도움의 성모님은
아주 오래전에 그려졌습니다.

누가 성모님을 그렸을까요?
그건 전해지지 않습니다.
다만 사람들은 이야기했습니다.
아주 오래전 누군가가
황후에게 선물한 이콘이라고요.

사람들은 이콘을 성당에 모셔 놓고
'기적의 성모'라 부르며 공경했고,
전쟁 때에도 이콘을 모시고
피난을 떠났습니다.

이콘은 그렇게 오랜 세월
사람들의 손에서 손으로
전해졌습니다.

하지만 잦은 전쟁 속에
이콘은 사라지고 말았습니다.

시간이 흐른 어느 날 크레타섬에서
기적처럼 이콘이 발견되었습니다.

15세기 말, 한 상인이
크레타섬에서 이콘을 훔쳐
로마로 가져갔습니다.

상인은 왜 이콘을 훔쳤을까요?
성모님의 도움이 절실히 필요했을까요?
아니면 그저 유명한 이콘을 팔아
큰돈을 벌어 보려 했을까요?

상인은 아무도 모르는 곳에
이콘을 꼭꼭 숨겨 두었습니다.

그러다 상인이 병에 걸려 죽게 되었습니다.
그는 죽기 전, 친구에게 자기가 한 일을 고백했습니다.
기적의 성모님을 훔쳐 숨겨 두었다는 사실을….

그 친구는 이콘을 찾아 성당에 모시려 했습니다.
하지만 이콘에 욕심이 생긴 아내가 조르는 바람에
이콘을 거실에 걸어 두기로 했습니다.

성모님이 상인의 친구에게 나타나셔서
당신을 성당에 모시라고 말씀하셨지만,
끝내 그는 그 말씀을 듣지 않았고
병에 걸려 세상을 떠났습니다.

결국, 성모님은 다시 그의 딸에게 나타나셔서
같은 말씀을 하셨습니다.

딸의 이야기를 듣고서야
아내는 성모님의 뜻을 받아들였습니다.

마침내 영원한 도움의 성모 이콘은
1499년 3월 27일에
아우구스티노회 수사들이 관리하던
로마 성 마태오 성당에 안치되었고,
약 300년 동안 그곳에서
공적으로 공경을 받았습니다.

시간이 지나며 성당은 점점 낡아 갔고,
사람들의 신심도 약화되었습니다.

그러던 1798년, 로마를 정복한 나폴레옹에 의해
성당과 수도회 수십 곳이 파괴되었습니다.
성 마태오 성당도 이때 허물어졌습니다.

아우구스티노회 수사들은 뿔뿔이 흩어졌습니다. 수사들은 이콘을 모시고 에우세비오 수도원으로 피난을 떠났습니다. 그리고 얼마 후 몇몇 수사들은 테베레강 건너편 포스테룰라의 성 마리아 수도원으로 옮겨 가면서, 이콘을 모시고 갔습니다.

영원한 도움의 성모 이콘은
낡은 수도원의 작은 경당에 모셔진 채
사람들에게서 잊혀 갔습니다.

이콘이 마태오 성당에 모셔졌던 때부터
영원한 도움의 성모께 특별한 신심을
갖고 있던 오르세티 수사만이
이콘 앞에 촛불을 밝히고 기도했습니다.

오르세티 수사는 마르키라는 어린 복사에게
이콘의 이야기를 자주 들려주었습니다.
영원한 도움의 성모님이 얼마나 공경을 받았고
어떤 기적들이 일어났는지 말입니다.

아마 오르세티 수사는 몰랐을 겁니다.
성모님께서 어떤 오묘한 방식으로
당신을 드러낼 준비를 하셨는지….
바로, 복사 마르키가 어른이 되어
구속주회 신부가 된 것입니다.

시간이 흐르고 흐른 어느 날, 예수회의 블로시 신부는
우연히 영원한 도움의 성모 이콘에 관한 책을 읽고 매료되어
강론을 통해 신자들에게 이 이콘을 널리 알렸습니다.
1863년 2월 7일 강론에서 블로시 신부는
영원한 도움의 성모 이콘을 되찾아야 한다고 호소했습니다.

그 소식은 마르키 신부에게도 전해졌습니다.
그는 어린 시절 노수사에게 들었던
영원한 도움의 성모 이콘 이야기를
비로소 기억해 냈습니다. 그리고
바로 그 영원한 도움의 성모 이콘이
포스테룰라의 한 경당에 있다고 증언했습니다.

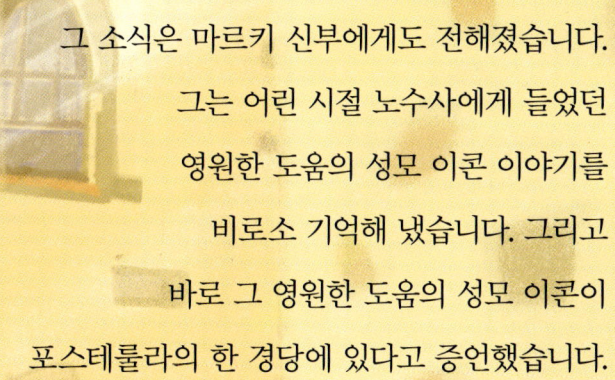

영원한 도움의
성모님을 찾는다고요?
제가 그분을
알고 있습니다!

신비롭게도, 구속주회의 성 알퐁소 성당은
바로 성 마태오 성당 터에 세워져 있었습니다.
1866년 4월 26일, 이콘은 마침내
영원한 도움의 성모님이 원하셨던 곳으로
돌아가게 되었습니다.

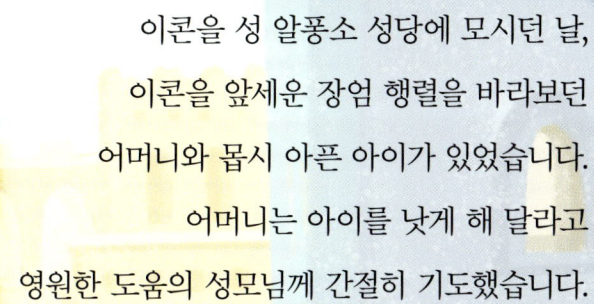

이콘을 성 알퐁소 성당에 모시던 날,
이콘을 앞세운 장엄 행렬을 바라보던
어머니와 몹시 아픈 아이가 있었습니다.
어머니는 아이를 낫게 해 달라고
영원한 도움의 성모님께 간절히 기도했습니다.

영원한 도움의 성모님! 이 아이를 낫게 해 주세요.

성 알퐁소 성당 제단 중앙에 모셔진 영원한 도움의 성모님은
당신께 매달리는 자녀들의 기도를 지금도 듣고 계십니다.
구속주회는 영원한 도움의 성모 신심을 널리 전하고 있습니다.
한국에서는 메리놀 외방전교회의 존 에드워드 모리스 몬시뇰이
1932년 6월 27일 평양에서 최초의 한국인 수녀회를 세워
영원한 도움의 성모님께 봉헌하였습니다.
영원한 도움의 성모 수도회는 이 성모님과 더불어
말씀의 육화 신비에 동참하며 복음을 선포하고 있습니다.

영원한 도움의 성모 이콘은
이렇게 우리 앞에 오게 되었습니다.

이제 영원한 도움의 성모님께 기도하며
그 힘 있는 전구를 깊이 체험해 봅시다.

3부

영원한 도움의 성모께 바치는 기도

9일 기도

1양식

영원한 도움의 성모님,
어머니를 저희에게 주신 예수님께 감사드리며
신뢰와 사랑 가득한 마음으로 어머니를 부르나이다.
온갖 아쉬움과 위험과 고통 중에 드리는 자녀들의 청원을
거절하지 않으시는 어머니, 이 유래 깊은 성화 앞에서
9일 기도로 청하는 저희의 간절한 소망을 들어 주시어
그 힘 있는 전구를 깊이 체험하게 해 주소서.
자애로우신 어머니,
그리스도의 신비체인 저희가
가진 모든 것을 서로 나눔으로써
그리스도의 사랑을 이웃 안에 실천하게 도와주소서.
그리하여 사랑이신 하느님의 모상이
저희 안에 날로 새롭게 되어 그리스도의 십자가에서
구원의 힘을 얻게 됨을 믿게 하시고 믿는 이들을 통해
놀라운 일을 이루시는 성령의 능력으로 저희의 삶이
아버지께 찬미와 영광이 되게 해 주소서. 아멘.

(주님의 기도, 성모송) 영광송
　＋ 영원한 도움의 성모님,
　◎ 저희를 위하여 빌어 주소서.

2양식

✸ 첫째 날

영원한 도움의 성모님,
하느님의 놀라운 권능을
자녀들에게 보여 주시는 우리 어머니,
오늘 저희는 어머니의 성화에서
아기 예수님의 작은 손을 받쳐 들고
은총을 전구해 주시는 당신을 바라봅니다.
우리의 도움이신 어머니,
당신은 저희가 청하기도 전에
저희에게 필요한 것을 아시니
저희의 청원을 자비로이 굽어보시어
어머니의 간청을 언제나 들어주시는
아드님의 깊은 사랑을 저희에게 보여 주소서.
아멘.

(주님의 기도, 성모송) 영광송
 + 영원한 도움의 성모님,
 ◎ 저희를 위하여 빌어 주소서.

둘째 날 ✨

영원한 도움의 성모님,

순결의 덕행으로

하느님의 기쁨이 되신 우리 어머니,

오늘 저희는 어머니의 성화에서

순결을 의미하는 **붉은 옷**을 입은

오롯한 사랑의 동정녀를 바라봅니다.

티 없이 깨끗하신 동정녀여,

저희의 생각과 말과 행위가

언제나 하느님 마음에 들게 하시고

복음대로 사는 데에 따르는 어려움과

온갖 유혹과 혼란을 이길 수 있도록

저희를 지켜 주시고 도와주소서.

아멘.

(주님의 기도, 성모송) 영광송

✚ 영원한 도움의 성모님,

◎ 저희를 위하여 빌어 주소서.

✺ 셋째 날

영원한 도움의 성모님,
하느님께 자신을 온전히 봉헌하신
구세주의 어머니,
오늘 저희는 어머니의 성화에서
구원의 희망이신 아들 **예수님**을
두 손으로 **봉헌**하는 어머니를 바라봅니다.
주님의 행복한 여종이신 어머니,
하느님의 뜻이 이루어지도록
자신을 비우고 아드님까지 내주신 당신처럼
저희도 주님의 가르침대로 살며
저희의 삶을 온전히 봉헌할 수 있도록
믿음과 용기를 얻어 주소서.
아멘.

(주님의 기도, 성모송) 영광송
 + 영원한 도움의 성모님,
◎ 저희를 위하여 빌어 주소서.

넷째 날 ☀

영원한 도움의 성모님,
겸손의 길로 완덕에 이르신 어머니,
오늘 저희는 어머니의 성화에서
평범한 옷 위에 눈부시게 새겨진
황금빛 무늬를 바라봅니다.
지극히 겸손하신 어머니,
당신은 아직 오지 않은 하느님 나라를
이 세상에서 이미 살면서도
구세주의 어머니로 선택되었음을
드러내지 않으셨으니
저희가 교만을 물리치고
겸손하고 진실하게 살아가며
하느님의 영광을 드러내게 하소서.
아멘.

(주님의 기도, 성모송) 영광송
＋ 영원한 도움의 성모님,
◎ 저희를 위하여 빌어 주소서.

✷ 다섯째 날

영원한 도움의 성모님,
십자가로 온 세상을 구원하신
구세주의 어머니,
오늘 저희는 어머니의 성화에서
수난을 내다보고 당신 품에 달려든
아기 예수님을 바라봅니다.
자애로우신 어머니,
예수님의 십자가 아래에서
당신은 저희의 어머니가 되고
저희는 당신의 자녀가 되었으니
주님의 일을 하며 고통받는 자녀들을
당신의 가없는 사랑으로 품어 주시고
저희가 십자가의 길을 충실하게 걸어가는
어머니의 참자녀가 되게 해 주소서.
아멘.

(주님의 기도, 성모송) 영광송
   ✝ 영원한 도움의 성모님,
   ◎ 저희를 위하여 빌어 주소서.

여섯째 날

영원한 도움의 성모님,
당신께 피신하는 죄인들을
예수님께 인도하시는 어머니,
오늘 저희는 어머니의 성화에서
두려움에 떠는 아기 예수님을 받쳐 든
당신의 **든든한 팔**을 바라봅니다.
인자하고 너그러우신 어머니,
영원한 도움이신 당신의 이름을 부르면
마음의 어둠은 사라지고
죄의 상처는 치유되오니
저희를 모든 유혹에서 지켜 주시고
저희가 저지른 잘못을 뉘우치고
용서 청하기를 주저하지 않게 하소서.
아멘.

(주님의 기도, 성모송) 영광송

＋ 영원한 도움의 성모님,
◎ 저희를 위하여 빌어 주소서.

✷ 일곱째 날

영원한 도움의 성모님,
믿음과 순종으로
하느님의 뜻을 받아들이신 어머니,
오늘 저희는 어머니의 성화에서
당신이 두른 **남빛 망토**를 바라봅니다.
신앙의 모범이신 어머니,
당신은 예수님의 탄생 예고부터
십자가 죽음에 이르기까지
하느님의 뜻을 곰곰이 생각하며
모든 것을 마음에 간직하셨으니
저희의 약한 믿음을
당신의 거룩한 망토로 감싸 주시어
저희가 삶의 불확실함 속에서도
하느님을 믿고 그분께 의탁하도록 도와주소서.
아멘.

(주님의 기도, 성모송) 영광송
 + 영원한 도움의 성모님,
 ◎ 저희를 위하여 빌어 주소서.

여덟째 날 ✷

영원한 도움의 성모님,
근심하는 이의 위안이신 어머니,
오늘 저희는 어머니의 성화에서
아기 예수님과 함께 당신 품에 달려든
수난까지 품으신 어머니를 바라봅니다.
고통의 어머니,
당신은 모든 세대에게 칭송을 받으셨고
영혼이 칼에 꿰찔리는 고통도 받으셨으니,
저희가 어머니와 함께 어머니처럼
완전한 사랑으로 두려움을 몰아내고
예수님의 십자가를 끝까지 따르는
복음의 증인이 되도록 빌어 주소서.
아멘.

(주님의 기도, 성모송) 영광송

✚ 영원한 도움의 성모님,

◎ 저희를 위하여 빌어 주소서.

✸ 아홉째 날

영원한 도움의 성모님,
저희가 힘들고 어려울 때
영원한 도움을 주겠다고 약속하신 어머니,
오늘 저희는 어머니의 성화에서
무한을 응시하듯 저희를 향하는
어머니의 **눈길**을 바라봅니다.
길의 인도자이신 어머니,
당신은 저희의 모든 길을 보살피며
저희를 예수님께 이끄시니
저희가 아버지의 나라에서 예수님을 뵙는 그 날까지
어머니의 도움으로 예수님의 고통을 나누어 받으며
부활의 희망을 간직하고
생명의 길을 걸어가도록 인도해 주소서.
아멘.

(주님의 기도, 성모송) 영광송
+ 영원한 도움의 성모님,
◎ 저희를 위하여 빌어 주소서.

3가지 기도

I

영원한 도움의 성모님,
자비의 어머니,
당신을 신뢰하며 당신께 피신하는 저를 가엾이 여기소서.
죄인들의 피난처이며 희망이신 성모님,
간절히 청하오니 저의 피난처이자 희망이 되어 주소서.
예수 그리스도에 대한 사랑으로 저를 도와주소서.
당신의 보호에 의탁하며,
당신을 섬기는 일에 헌신하는 가난한 이 영혼에게
당신 손길을 펴 주소서.
주님의 자비로 어머니를 더욱 신뢰하게 되었으니
이것이 구원의 확실한 보증입니다.
저의 나약함으로 당신을 저버린 채
여러 번 죄를 지었습니다.
어머니께서 도와주시면 제가 다시 굳건히 설 수 있으며
당신께 의탁하면 친히 저를 도와주실 것을 압니다.
그러므로 한 가지 은총을 구합니다.

시련 속에서도 제가 항상 당신께 의지하며,
당신을 찾게 하소서.
"성모님, 저를 도와주소서"라고 기도하게 하소서.
영원한 도움의 성모님, 제가 주님을 잃지 않게 하소서.
아멘.

성모송(3회)

II

영원한 도움의 성모님,
언제든 힘 있는 당신의 이름을 부를 수 있는 은총을
저에게 주소서.
당신의 이름은 산 이의 위로이며 죽은 이의 구원이니
정결하고 자애로운 어머니 마리아님,
당신의 이름이 제 영혼의 숨결이 되게 해 주소서.
하늘의 여왕이시여,
제가 부를 때마다 즉시 도와주소서.
시련이나 고통을 당할 때

저는 언제나 "영원한 도움의 성모님"을 외칠 것입니다.
당신을 부르고 당신을 생각할 때
제 영혼에 커다란 신뢰와 따뜻한 사랑이 깨어납니다.
이토록 아름답고 사랑스럽고 힘 있는 이름을 주신
하느님 아버지께 감사드립니다.
온 마음으로 어머니를 부르는 것은
당신이 영원한 도움이심을
항구히 기억하고 부르기를 바라는
제 사랑의 반향입니다.
아멘.

성모송(3회)

III

영원한 도움의 성모님,
당신은 하느님께서 가난한 사람에게 주신
은총의 중재자이십니다.
주님께서는 당신 어머니께

합당한 능력과 풍요와 자애를 주시어

어려움 중에 있는 저희의 도움이 되게 하셨습니다.

가장 가난하고 버림받은 죄인들의 변호자이신 어머니,

당신께 저를 맡기오니 도와주소서.

당신 손에 저의 구원과 영혼을 맡기오니

당신의 가장 충실한 자녀로 삼아 주시고

당신의 망토 아래에 저를 숨겨 주소서.

참으로 당신이 저를 도와주시면

그것으로 저는 충분합니다.

제가 두려운 것은 오직 한 가지

더는 당신께 의탁하지 않고 당신을 찾지 않아

주님의 길을 잃어버리는 것입니다.

거룩하신 어머니,

저를 위해 주님께 전구해 주시고 끝까지 함께하소서.

영원한 도움이신 당신의 도움을 바라고 기도하며

삶의 마지막 순간까지 예수님을 사랑하게 하소서.

아멘.

성모송(3회)

일상 기도

✴ 가정을 위한 기도

영원한 도움의 성모님,
아들 예수님과 성 요셉과 함께 사셨던
나자렛 성가정을 찬미합니다.
저희도 평화와 일치 안에 살게 해 주소서.
저희가 서로 사랑하고 아끼며
정성을 다하도록 은총을 주시고
하느님에 대한 의탁과 신앙이
저희 가정의 행복의 뿌리가 되게 하소서.
그것으로 저희는
하느님께서 선한 뜻을 가진 이들에게 약속하신
하늘의 축복을 누리게 될 것입니다.
평화의 모후이신 마리아님,
저희 가정을 축복해 주소서.
아멘.

자녀를 위한 기도

영원한 도움의 성모님,
당신 아들 예수님을 보살피신 그 사랑으로
저희 자녀들을 돌보아 주소서.
그들이 당신을 떠나도록 버려두지 마시고
모든 불행에서 지켜 주소서.
오늘과 내일, 그리고 임종 때에
자녀들의 영혼과 육신을 당신께 맡기며
특별한 보호를 간청하나이다.
모든 악에서 그들을 보호하시어
그들이 하느님의 자녀로서 품위와 소명을 깨닫고
책임 있는 삶을 살게 하소서.
또한 자신이 사랑받는 귀한 존재임을
깨닫게 해 주소서.
영원한 도움이신 사랑하올 어머니,
사랑하는 자녀들이 하느님의 자비와 선함을 찬미하며
영원히 그분과 함께 살게 해 주소서.
아멘.

✷ 아픈 사람을 위한 기도

영원한 도움의 성모님,
당신 품 안에 계신 예수님께서는
어머니의 청을 거절하지 않으십니다.
오늘 당신 성화 앞에서 기도하며
(아픈 사람의 이름을 부른다)를 예수님께 맡기오니
어머니, 아드님께 한 말씀만 해 주소서.
병자가 건강을 되찾을 것입니다.

영원한 도움의 성모님,
병자들은 당신의 자애에 희망을 걸고 있습니다.
어머니께 청하오니,
주님께서 생명을 허락하신
병자들의 건강을 회복시켜 주시기를
당신 아드님께 전구해 주소서.
그러나 모든 것 안에서
주님의 뜻이 이루어지기를 기도하오니
병자들이 아버지의 뜻을 받아들여
이 시련에서 강건하게 하시고
그들에게 인내와 신뢰를 심어 주소서.

영원한 도움의 성모님,
앓는 이의 회복을 바라시는 어머니,
가장 강력한 전구자시여!
저희를 위하여 빌어 주소서.
아멘.

✸ 아플 때 바치는 기도

영원한 도움의 성모님,
제가 얼마나 고통받고 있는지 당신께서는 아십니다.
제 몸도 마음도 지쳤습니다.
저는 기도할 힘조차 없습니다.
아무것도 저에게 위안을 주지 않습니다.
친구들의 방문과 관심조차
저에게는 위로가 되지 않습니다.
조바심과 슬픔이 저를 짓누릅니다.

자애로우신 어머니,
저는 이 괴로움 속에서도 당신을 신뢰하며
당신의 도움에 의탁합니다.
(자신의 질병을 언급한다)로 고통받는
당신의 자녀를 잊지 마소서.
당신의 아들 예수님께 빌어 주시어
이 병 중에도 제가 하느님의 뜻을 찾고
인내와 순종으로 견딜 수 있도록
용기와 힘을 주소서.

하느님의 뜻이라면 제가 이전의 건강을
회복할 수 있도록 전구해 주소서.

사랑하는 어머니,
제가 하루 빨리 건강을 되찾게 해 주소서.
그럴 수 없다면, 하느님을 향한 사랑으로
이 고통을 견뎌 내게 해 주소서.
하느님께서 저에게 요구하시는 것은
무엇이든 할 수 있는 은총을
전구해 주시리라 저는 믿습니다.
아멘.

✷ 자신의 소명을 알기 위해 바치는 기도

영원한 도움의 성모님,
당신의 도움을 청하는 사랑스러운 자녀를 보소서.
제가 가진 모든 것은 하느님께 받은 것이니,
저를 위해 계획하신 삶에서
제가 주님의 부르심을 깨닫고
그분을 따르기 위해서는
당신의 도움이 필요합니다.

영원한 도움의 성모님,
제가 당신 아드님의 부르심 대로 살 때
구원의 길에 더 가까워진다는 것을 압니다.
앞으로 일어날 모든 일에서 하느님의 뜻을 따르는 것이
저의 소망이게 하소서.
이 땅에서 하느님의 뜻이 이루어지는
가장 좋은 길을 선택하도록 저를 이끌어 주시고
그것으로 영원히 주님을 뵙고 소유할 수 있다는
확신을 갖도록 이끌어 주소서.
아멘.

우리의 기도를 들으시는
영원한 도움의 성모님

서울대교구 인가: 2024년 6월 3일
초판 1쇄 펴낸날: 2024년 6월 27일

엮은이: 영원한 도움의 성모 수도회
그린이: 한지선
펴낸이: 나현오
펴낸곳: 성서와함께

주소: 06910 서울특별시 동작구 흑석로13길 7
전화: (02) 822-0125~7 / 팩스: (02) 822-0128
인터넷서점: http://www.withbible.com
전자우편: order@withbible.com
등록번호 14-44(1987년 11월 25일)

ⓒ 성서와함께 2024

ISBN 978-89-7635-433-4   03230